PETIT TRAITÉ JURIDIQUE

SUR

LES ENFANTS MARTYRS

PAR

MARIN DUBOIS

Prix : 50 centimes

PARIS
Société Libre d'Édition des Gens de Lettres
12, RUE D'ULM, 12

Nov. 1897

PETIT TRAITÉ JURIDIQUE

SUR

LES ENFANTS MARTYRS

PAR

MARIN DUBOIS

Prix : 50 centimes

PARIS
Société Libre d'Édition des Gens de Lettres
12, RUE D'ULM, 12

Nov. 1897

DU MEME AUTEUR

Deux ans d'amour.

Après deux ans d'amour.

Délassements d'un désoeuvré *(Nouvelles et Pensées)*.

Doris et Dora *(Critique sociale)*.

THÉATRE :

Le Génie de la Liberté *(six actes ; vingt-cinq tableaux. Nouvelles et Pensées)*

PETITE BROCHURE (1)

Boulangisme et Anti-Boulangisme (2).

En préparation :

OUI FATAL!

(1) Semblable comme forme à celle-ci.

(2) *Par un électeur.* Aujourd'hui je lève l'anonymat (publiée en 1889).

DÉDIE

A

L'AMOUR MATERNEL

A

L'AMOUR PATERNEL

PAR UN CÉLIBATAIRE

QUI FUT SEVRÉ

DE

L'AMOUR FILIAL

Père, Mère, Grands-Pères, Grand'Mères
au tombeau
L'Enfant au berceau

TABLE :

PETIT TRAITÉ JURIDIQUE

SUR

LES ENFANTS MARTYRS

PREMIER MOT

Je sais qu'il est bon, en politique, de s'arc-bouter à tout et à rien. Je n'y contredis pas, car tous les partis poussent ce procédé jusqu'à l'extrême. Je me suis donc fait à cette habitude. Paul Louis Courier disait : « Vous me traitez de canaille, de voleur, de brigand, de scélérat, d'assassin, tout cela me touche peu, car je sais que dans votre bouche cela veut dire simplement que je ne suis pas de votre avis ». Il n'est pas de jour que cette boutade de Paul-Louis ne me revienne et je m'évite ainsi bien des étonnements et bien des colères. Et si je n'avais pas connu ce trait plein d'enseignement philosophique, je crois que j'aurais vécu dans un état de rage perpétuelle.

Mais qui entendre quand chacun s'attribue le bon sens et la vérité pour soutenir les théories les plus opposées, quand tous insinuent réciproquement, avec non moins de conviction, que ce sont les « autres » les insensés ou les imposteurs.

J'entends bien : « Il faut prendre parti » mais à condition, naturellement, que ce soit avec vous — et vous êtes dix en désaccord à me faire la même proposition, la même prière, la même supplication et au besoin la même injonction.

Si je ne me prononce pour aucun, je vous aurai tous les dix contre moi ; si je me prononce pour l'un de vous, j'aurai les neuf autres contre moi. Oh bien ! neuf ou dix, je ne suis pas à cela près, et je prends le onzième parti de n'être d'aucun parti.

Cependant, de cette situation de douter de soi à force de douter des autres, il résulte un besoin de curiosité et d'étude sans cesse en éveil. D'où, la présente brochure.

LES ENFANTS MARTYRS (1)

Malgré l'indignation et l'horreur soulevées par le monstre Grégoire, le tribunal correctionnel d'Auxerre n'a pas craint de ne condamner qu'à un mois de prison, — avec application de la loi Bérenger, — deux ignobles gredins de même acabit.

---

(1) Article publié dans le *Journal de Seine-et-Marne* (Meaux) le 31 Janvier 1897.

Ici, il s'agit d'une fillette de deux ans et demi, petit être rachitique en danger de mort, maltraitée dès les premiers jours par le père et la mère, enfermée des heures entières dans les cabinets d'aisances, privée volontairement d'une nourriture suffisante. Quelques journaux des plus autorisés veulent croire que le procureur de la République fera appel *à minima* d'un jugement si opposé au sentiment public.

Un mois de prison : un comble !.. Avec application de la loi Bérenger ; *summum* des combles !!!

Et qu'on se garde bien de supposer que peut-être ces brutes, frappées de la grâce, ont eu un revirement subit de conscience attendrie ; loin de là, le père a eu le cynisme de répondre : « Autant qu'elle fut dans les cabinets qu'ailleurs. » Donc, pas de repentir ; et l'on peut craindre qu'il ne se venge par de nouveaux supplices sur la pauvre petite victime...

En présence de semblables forfaits, qu'il me soit permis de reproduire les lignes suivantes, extraites de mon livre *Doris et Dora* (1) :

« Le supplice d'un enfant ! L'enfant, l'être faible, qui est venu parce qu'on a voulu de lui, sciemment ou non, qui ne demande absolument rien parce qu'il a droit à tout, qui, avec ses beaux yeux

(1) Paru en 1886.

pleins de tout ce qu'ils ne savent pas encore, attend qu'on le serve à souhait, est saisi brutalement, enfoui dans une cage à lapins, ne voyant plus rien, n'étant jamais nettoyé, n'ayant que des détritus pour pâture; trois années s'écoulent, et on découvre alors une chose innommable, un petit amas de chair purulente, littéralement, totalement pourrie dans sa tendreté, quelque chose de hideux au-delà de toute vraisemblance dantesque. — Oh! il était temps! on est arrivé juste pour voir exister encore quelques jours seulement, et dans l'état du plus absolu idiotisme, le faible souffle qui, naguère, sous le papillottement naturel de sa petite chevelure blonde et fine comme un duvet, promettait l'intelligence et la beauté, en échange d'être venu au monde...

Et tout est consommé quand les monstres passent en jugement.

Mon Dieu oui, on veut bien les faire passer en jugement!... mais ne vous empressez pas d'admirer : Ils ont donné la mort par défaut de soins, par négligence... la cour d'assises est incompétente . et en correctionnelle : homicide par imprudence — trois mois de prison.

Ainsi pour ce crime, le plus lâche de tous, le plus *inhumain;* ce crime à froid, ce crime de tous les jours, de toutes les minutes, sans un instant de retour vers la pitié, vers la honte de soi-même, vers même la lassitude — trois mois de prison !!! Les juges consultent un bouquin plutôt que de consulter leur cœur... dans lequel, d'ailleurs, ils ne pourraient même pas trouver la réponse du code.

UN MONSTRE

EN COUR D'ASSISES (1)

Qui dit actualité dit événement du jour ; chaque jour ayant son événement, l'actualité s'enterre elle-même, si je puis ainsi dire, le fait présent enfouissant dans l'oubli le fait de la veille. Parfois de loin en loin une similitude dans le kaléidoscope rotatif de l'existence rappelle telle ou telle projection déjà connue. Alors les comparaisons se donnant libre cours, chacun compare selon sa plus ou moins grande puissance d'optique. De là, diversité dans les comparaisons

(1) Bien que cet article n'ait paru dans le *Journal de Seine-et-Marne* que le 30 mai, (le lendemain du jugement), je tiens à dire que je l'avais envoyé trois semaines plus tôt, le 3 mai : non pas que je tire vanité de ma priorité, mais je trouve bon de me prémunir, sur ce point, contre tout esprit de *débinage*.

Ce même article a été reproduit par le *Libéral du Valois* (Crépy-en-Valois).

ou jugements. Puis les flots d'encre, les avalanches de paroles épuisés, se révèle un nouveau tableau de la vie.

Pourtant, de même que les comédies, vaudevilles, drames et tragédies littéraires se composent de plusieurs actes, les « œuvres » qui se déroulent sur la scène du réel comportent plusieurs péripéties avant le dénouement. Mais les intermèdes atteignent quelquefois un laps de temps qui permet à d'autres événements de surgir et de faire oublier tel drame social dont la conclusion est restée en suspens. Si bien que lorsque l'on remet en mémoire telle question morale privée de solution, l'intérêt qui s'y rattache est de beaucoup émoussé. Ainsi, comme exemple, l'éboulement de la digue du réservoir de Bouzey, qui remonte à plus de deux ans, et qui ne s'est jugée que dernièrement. Cela produit comme un effet de quelque chose de préhistorique. Tout passe avec le temps ; l'ardeur, le feu du premier moment s'éteint ; et il semblerait que les autorités judiciaires spéculent sur ce résultat mental. Oui, trop souvent les façons d'agir de la justice donnent prise à cette supposition. N'avons-nous pas, à l'appui, le crime de « l'enfant martyr ».

Quoi penser, non seulement des lenteurs du parquet, mais encore des insinuations qui, petit à petit, dans toute cette affaire, osèrent se manifester dans un but qui échappe à toute conscience droite.

Tout d'abord, les médecins avaient constaté que la mort du bébé était due à une pneumonie plus ou moins amplifiée d'un terme technique quelconque. Donc, pas de meurtre. Franchement, si dépourvues de bon sens qu'on puisse supposer les masses, ici, la mesure était dépassée. Car enfin, même aux yeux du vulgaire, cette maladie, n'était-elle pas la conséquence, la résultante fatale d'une suite de sévices et de l'abandon définitif. Que dis-je, l'abandon ? Mais voilà précisément, paraît-il, où est l'erreur. On peut, dit la loi, abandonner un enfant... sans vouloir l'abandonner absolument si on le place de manière qu'il soit recueilli par autrui. Certes, cette thèse est soutenable... quand on trouve un poupon bien portant et donnant toutes les marques de bons soins reçus jusqu'alors. Mais Grégoire pensant que son bébé *n'en avait plus pour longtemps,* a voulu se dispenser d'avoir à faire la déclaration légale du décès, et surtout de recevoir la visite officielle du médecin.

Une chose étonne, c'est que Grégoire ait pu trouver un défenseur. S'attacher à atténuer une faute, même un crime, pour me servir du langage usuel, que certaines circonstances expliquent, je n'ose dire légitiment, rien de plus beau ! Mais certains forfaits, hors de toute donnée humaine, ne peuvent que soulever une réprobation unanime, et nul être pensant ne devrait affronter le rôle d'en prendre la défense (1).

A BATONS ROMPUS

Quelques réflexions et simples rapprochements (2)

Il y a, ici bas, une foule de banalités. La plus impérieuse, à coup sûr, est celle du pain quotidien ; mais la plus insipide, à mon humble avis, est celle qui réside dans cette formule non moins quotidienne : « Nous vivons à une drôle d'époque. » Rapprochée de cet autre principe : « L'histoire est un continuel recommencement », la contradiction appelle un examen approfondi.

Or, chez tous les peuples, dans tous les temps, s'étalent les mêmes misères humaines, morales et sociales. Et d'autre part, si on veut aussi s'inspirer de cet

---

(1) J'analyserai la mission de la défense judiciaire dans une brochure ultérieure : *Le droit naturel et le droit conventionnel.*

(2) Le *Journal de Seine et-Marne,* le 18 juin, et le *Libéral du Valois,* le 27 juin, insérèrent cet article en déclarant, par une note, en laisser la responsabilité à son auteur.

autre principe que l'élite partout et toujours a formé et forme l'exception, l'homme devient, somme toute, dans sa condition la plus normale, un *composé* relativement inférieur — puisque, encore une fois, la supériorité consacre l'exception.

Il faut donc en prendre son parti, je veux dire le parti de l'indulgence, du pardon. La loi de justice, la loi de vérité, expressions d'une seule et même loi, le veut ainsi. Mais encore faut-il, à cette indulgence, à ce pardon, la sanction des communes faiblesses. Et leur cadre, à ces communes faiblesses, est même déjà trop large, car l'indulgence et le pardon s'arrêtent d'ordinaire bien avant de s'étendre jusqu'aux limites de ce cadre.

Mais alors, si nombre de méfaits plus ou moins inhérents aux imperfections courantes, ne trouvent ni indulgence ni pardon autant que le réclame, que le commande la bonne harmonie, basée sur la justice, basée elle-même sur la vérité, à plus forte raison lorsqu'on sort des limites générales du cadre déjà trop étendu, l'indulgence, vraiment, ne peut plus exister, cesse de pouvoir être invoquée.

C'est pourquoi toute atrocité, toute monstruosité nous fait frémir ; et beaux d'indignation, nous crions : vengeance ! — c'est-à-dire justice. Oui donc : vengeance synonyme de justice. N'y a-t-il pas le Dieu vengeur : le Fils chassant les voleurs du Temple ; le Père chassant Eve et Adam du Paradis terrestre. Vengeance de l'offense, c'est-à-dire : réparation ; c'est-à-dire justice.

Et puisque je remonte jusqu'à la Création, cela me ramène au début de ces lignes où je dénonce le tort qu'on a généralement de s'imaginer que nous voyons une drôle d'époque. Pas plus drôle, allez, au sens que vous l'entendez, que n'importe quelle autre des temps passés. Les crimes, les vilenies, les anomalies qui affligent, dans la double acception, la société actuelle, se perpétuent, depuis l'origine, de génération en génération. Il y a même eu souvent des temps bien plus tristes, bien plus terribles, bien plus épouvantables.

Toujours l'espèce *homme* a eu des spécimens, des individus anormaux qui font la honte, la dégradation de l'espèce. Et alors qu'une élite s'élève au-dessus du commun des mortels, au-dessous grouille quelque chose de sans nom, car aucune langue ne peut en exprimer le dégoût et l'horreur. Et enfin un monstre comme le père de « l'enfant martyr » n'est pas isolé, et n'est pas non plus exclusif à notre époque.

Toutes ces choses dites, armé de tout ce dispositif de méditations profondes, je pense être dans des conditions tout à fait favorables pour la soutenance de ma thèse, à savoir : 1° La condamnation à mort, LE CODE EN MAIN ; 2° l'impossibilité morale pour un tel fauve de trouver un défenseur.

Oui, Messieurs de la Chambre des mises en accusation, le Code en main, Grégoire était passible de la peine de mort. Il y a eu, vous l'entendez bien, assassinat, et assassinat voulu, prémédité, avec exécution lente, mais répétée chaque jour, sur un enfant à soi, tendre petite chair qui appelle la vie, et que la vie appelle, et ainsi toute palpitante en sa primeur, est hachée, avec raffinement de longues semaines de durée, sous le couteau d'un bourreau — son père ! Ah ! il ne s'agit pas ici d'ergoter sur les mots. Plus que les mots, les faits sont un langage, eux aussi. Cela est si vrai, que le juge d'instruction avait conclu à l'application des articles entraînant la peine de mort. Messieurs de la Chambre des mises en accusation, vous avez commis une... erreur.

Il paraît que vous vous êtes laissé convaincre par les arguties de prétoire de maître Lagasse.

Voilà un jeune homme que je prends tout frais débarqué « de faire son droit ». Tout de suite il se dit : Il faut épater les philistins. Les philistins, c'est vous, c'est moi, c'est tout le monde, excepté ces Messieurs. Or, les épateurs sont susceptibles de subir, tout comme de vulgaires philistins, les lois de l'affinité. Et Ravachol — Ravachol !... que vient-il faire ici ? Lisez, vous allez voir, — Ravachol, dis-je, qui a épaté pas mal de monde, arriva juste à point pour que le jeune Lagasse goûtât les premiers charmes de l'attraction qui place hors de pair. Arrivé bon premier pour défendre le fameux anarchiste, ce a le mit en relief. Je ne l'en blâme nullement. L'ambition est une qualité. Et ensuite, plus le paradoxe est osé, plus l'audacieuse jeunesse le savoure. Et Ravachol, à peine paradoxal pour les plus conciliants, fut, pour les autres, quelque chose de pis. Mais les plus conciliants existent, et même beaucoup plus que ne le supposent ceux qui ne le sont pas. Donc Lagasse, défenseur de Ravachol, avait derrière lui une petite phalange sympathique, et une autre plus nombreuse d'une neutralité absolue. Et enfin, pour tout dire : on peut toujours plaider pour l'égarement d'une conscience erronée.

On peut prendre cet égaré au moment où il ne l'était pas, puis le suivre dans la vie ; et même mieux, par l'imagination et les émotions qui en découlent, vivre sa vie et dire : Cet égaré, cet égarement, c'est l'œuvre du malheur qui n'a jamais trouvé de pitié.

Devant les pluies continuelles d'injustices humaines, que de gens simplistes et pacifiques n'ai-je pas entendus s'écrier, sitôt à peine touchés eux mêmes : « Bon sang ! je comprends les anarchistes ! » Hé mais ! dites donc, ce n'est plus alors qu'une affaire de tempérament, et non de principe. Que m'importe que ce soit la vivacité d'un premier mouvement, je prends acte. Et n'inférez rien de mes sentiments personnels ; ne me faites pas un procès de tendance ; je constate, voilà.

Ce que je veux faire ressortir en évoquant et invoquant un passé qui peut étonner en la circonstance, c'est cette chose étrange : Ceux que Ravachol et *tutti quanti* ont le plus épouvantés, sont ceux qui disent : « Eh bien, que voulez-vous, l'affaire Grégoire, c'est fini. » Et de la manière qu'ils vous disent cela, ils le diraient sur le même ton s'il y avait eu acquittement. Eh bien ! c'est là que je les prends. Ce n'est plus l'odieux de l'action, ce n'est point le crime en lui-même qui les fait frémir, mais bien les conséquences. « L'enfant martyr... oui, je veux bien !... mais enfin, en quoi cela me touche t-il, tandis qu'un anarchiste qui me jette une bombe dans les jambes..., car demain, ça peut être moi ; — ah ! non ! par exemple... »

Et il en est qui comprennent mieux maître Lagasse défendant Grégoire que défendant Ravachol.

Je suis de l'avis tout opposé.

Encore une fois, malgré le déplaisir

qu'on peut en éprouver, les anarchistes proclament et attestent — à tort, tant que vous voudrez. mais votre sentiment, si respectable qu'il soit, ne détruit pas le fait — proclament et attestent l'existence d'une théorie sociologique, Je voudrais bien savoir s'il en est de même pour un Grégoire. Non, n'est-ce pas ? Et dans le moment où il y a eu accord parfait pour crier : A mort! — seule, la jurisprudence a dit : non.

Et encore cette jurisprudence s'est-partagée ; il y a eu scission entre jurisconsultes.

En effet, à qui fera-t-on croire que Grégoire ne savait pas qu'il tuait son enfant. Et s'il le *savait*, il le *voulait*. « Crève donc, charogne ! » grognait-il. (Voir les dépositions du jugement). Et devant ces charges accablantes, il s'est trouvé des « bonzes » pour nier le meurtre avec préméditation (art. 302 : mort) ; et les tortures ayant amené la mort (art. 303 : mort). Mais, tonnerre ! cela et cela seul existe. Ah ! je me trompe: un petit enfant, à l'âge le plus charmant, trois ans, visiblement en proie au délire précurseur, au prodrome de l'agonie, est porté et abandonné dehors en pleine nuit pluvieuse et glaciale de décembre — une aggravation qui devient une atténuation ! Si vous comprenez, je n'envierai jamais votre esprit ; et si vou vous inclinez, c'est par paresse d'âme, et cette âme, je ne vous l'envie pas.

Je me résume :

Quand l'évidence s'impose, c'est avec un regret mêlé de tristesse qu'on se voit quelquefois obligé d'insister pour qu'elle ne perde rien de toute son autorité. Cependant, cela s'est produit pour le jugement de l'infâme Grégoire, dont la barbarie fait reculer tout qualificatif. Au dernier moment, et tout à fait inattendu, une décision juridique est survenue infirmant le sentiment public sanctionné pourtant par les conclusions non moins juridiques de l'instruction.

Il faut savoir qu'il y a ainsi des catégories de gens qui, par une vie toute spéciale, sont affligés d'une déviation morale et intellectuelle des plus désastreuses, vu leur position sociale. Figés et enlisés dans les subtilités de la chicane, ils ne voient rien et n'entendent rien selon les règles les plus simples, mais les plus droites Et alors quoi d'étonnant qu'un rétheur, sophiste non moins conscient qu'habile, trouve de la sorte un terrain tout préparé pour le succès d une mauvaise cause.

En l'espèce, on parle d'une nouvelle loi pour combler une lacune du code. Quand cette discussion viendra à la Chambre — si jamais elle y vient — je me charge de démontrer irréfragablement que cette loi sera une véritable superfétation.

AUTRES COMMENTAIRES

La recherche des causes sera toujours l'objectif d'un esprit doué de l'amour du vrai et du juste. Et ce n'est pas une mince ni facile besogne que d'avoir à pénétrer, à sonder dans le dédale des profondeurs impénétrables, insondables.

Oui, je vous l'assure, la tâche est ardue. Presque toujours contraint de s'attaquer aux idées préconçues, aux mœurs courantes, les raisons de découragement viennent nous assaillir sans cesse.

C'est alors qu'il faut éprouver, qu'il faut connaître la crainte aigüe de porter atteinte à la majesté de la conscience — soit d'être profondément imbu du vif sentiment que se taire, ce serait se faire complice de ce qui nous révolte — pour nous efforcer de surmonter le dégoût qui monte. N'a pas qui veut le feu de l'apostolat, mais quand cette flamme ardente s'empare de nous, elle porte en elle-même l'édulcoration pour toutes les amertumes. Et quand nous craignons de n'être pas écouté, de n'être pas suivi, nous avons la consolation intime et ultime de nous être dégagé de la torpeur morale ambiante. Demandez à nos pamphlétaires, à nos polémistes ?..

Pourquoi est-ce en quelque sorte un sempiternel cri d'indignation qu'il nous font entendre ? Un parti pris, dites-vous. C'est possible ; mais ce parti pris a du bon, a sa valeur et sa raison d'être. Et le mot de Molière nous revient ici à la mémoire : « si, de leur part, c'est toujours la même chose, c'est parce que ce sont, par ailleurs, toujours les mêmes choses. » Eh bien ! alors, ajoutez-vous, à quoi bon ! — Tout beau ! s'il vous plaît ! Les imbéciles sont nécessaires pour faire ressortir les gens d'esprit ; ceux qui ne se résignent pas sont nécessaires pour faire ressortir la veulerie de... tout le reste. Et s'il est si facile, si naturel d'être de. . ces derniers — de ne pas en être, constitue un état des plus pénibles, des plus douloureux, car on a précisément sur et contre soi tous ces... emplâtres, qui, partant, ont beaucoup de chance d'annihiler notre force native. Native, dis-je. Oh ! au moins, ce que les hommes ne nous ont pas donné, qu'ils ne nous le prennent pas. Et voilà pourquoi je ne veux pas que la commune faiblesse m'enlève cette force native, fasse flèche sur elle.

Et je ne puis me défendre d'un singulier sourire en pensant que ce que je signale comme « commune faiblesse » c'est ce que nos illustres polémistes désignent couramment par les mots, beaucoup plus frappés, d'aveulissement, d'anémie, d'atrophie des caractères. Ah ! j'ai toujours cru saisir leur état psychologique, à ces vaillants sans répit sur la brèche. Serrés dans une inexpugnable mêlée d'indécrottables, non seulement ils tiennent tête, mais encore ils prennent l'attaque. Bataille qui les épuise, et chez eux, tels accents semblent me bien révéler telles déceptions intellectuelles.

Mais le ressort de la combativité renaît de lui même, parce que le cœur renaît de ses cendres, et que la lutte, c'est toujours le cœur haut, toujours « hauts les cœurs » ! Et quand on se sent empoigné par ce beau spectacle, se dresse, comme trait final, cette vision : la malignité triomphe de tout son écrasement.

Oui, les forts, les puissants de l'intelligence sont vaincus par la force, la puissance d'inertie. L'encrassement domine le monde. Allons ! gens ignares, vous êtes les plus forts, oui ! Et alors, en effet, que vous importent les plumitifs...

Et ces plumitifs, comme vous dites si bien, devant les hontes qui couvrent l'humanité, sont débordés — forcés, par conséquent, de flétrir les hontes au fur et à mesure qu'elles se présentent. Mais le débat ou le combat reste toujours ouvert tant que la réparation reste à obtenir. Et par ainsi, continuons à fouetter les natures indolentes, cause principale des causes sacrées foulées aux pieds.

Et quelle cause plus sacrée que celle de l'enfant !...

C'est la cause immanente des droits immuables de l'humanité, car c'est la pierre angulaire, c'est l'avenir.

L'avenir : les conquêtes de l'esprit, la marche ascendante vers le plus de perfection possible ; et qui sait le germe détruit dans l'étouffement d'un enfant, — et savez-vous alors quelle perte pour le monde ?!!.

N'alléguez pas l'échelon social de la naissance ; il n'y a point de basse extraction devant les Sixtes Quint.

L'enfance est la consécration de **ce qui est :** l'éternel mouvement, l'éternelle activité...

Vous partez, vous, et lui, l'enfant, pousse. Son droit à la vie est absolu ... et quand Dieu enlève un enfant, c'est qu'il veut, là aussi, comme partout, comme en tout, comme toujours, nous marquer son mystère.

L'enfance ! elle seule, elle est la racine de la perpétuation consciente ; elle seule, elle est la quintessence exclusive de la **vie,** car la matière, bien qu'elle même infinie et vitale n'aurait aucune signification sans l'esprit qui la proclame.

Voilà pourquoi, en dehors même de mes fibres sentimentales, je dis : Pas de pitié à qui assassine l'enfant.

Ecoutez cet argument :

Est enfermée une personne — enfant ou adulte — à qui l'on refuse toute nourriture. Naturellement mort s'ensuit. Direz vous ici qu'il n'y a pas eu assassinat?

Lorsque l'empoisonnement, quelle que soit sa durée par petites doses, est assimilé à l'assassinat, pourquoi des tortures réitérées jusqu'à extinction ne pourraient-elles pas être assimilées à un empoisonnement, je dirai externe, si l'on veut. Il y a là des principes mortifères indiscutables, indéniables.

Dans le *Figaro* du 25 mai, on lit :

« Nul n'a perdu le souvenir de la mort affreuse de ce pauvre enfant TUÉ (1) A PETIT FEU AVEC DES RAFFINEMENTS DE CRUAUTÉ INOUÏE par un père infâme.

« Elles seront indignées, les femmes, elles seront indignées, les mères, d'apprendre que ce misérable, cet assassin de tous les jours qui a mérité DIX FOIS LA GUILLOTINE, ne peut pas légalement être condamné à mort .. SOUS PRÉTEXTE que le petit Pierre est mort d'une broncho-pneumonie .. comme s'il n'avait pas, en réalité, succombé aux supplices qui avaient anémié son petit corps et ouvert la porte à la mort.

« Impossible d'imaginer quelque chose de plus sinistre que ce voyage d'un

---

(1) C'est nous qui soulignons dans cette citation et les suivantes.

M. D.

homme et d'une femme allant, par une nuit d'hiver, sous le vent et sous la pluie glacée, PERDRE UN ENFANT **moribond,** et pourtant trop long à mourir »

Et le même journal, lors du deuxième jugement, revient à la charge en ces termes :

« Grégoire doit se féliciter d'avoir sauvé sa tête, car il aurait dû être inculpé non d'abandon d'enfant, mais bien d'assassinat, l'assassinat lâche, voulu, longuement prémédité, d'un pauvre bébé dont il AVAIT JURÉ DE SE DÉFAIRE, parce que, selon son expression féroce, « les gosses, çà le dégoûtait ». (1)

Pourquoi M. Albert Bataille, signataire de ces lignes éloquentes, a-t-il cru devoir y ajouter des restrictions que je trouve illogiques. Pourquoi reconnaître l'assassinat et reconnaître que la loi est impuissance à l'égard de l'enfance?

Le code dit textuellement :

Art. 296. — Tout meurtre commis avec préméditation ou guet-apens est qualifié assassinat.

Art. 297. — La préméditation consiste dans le dessein formé d'attenter à la personne d'un individu déterminé.

On le voit, le code ne spécifie nullement l'âge que doit avoir « l'individu déterminé », et ne stipule aucune autre

---

(1) *Figaro* du 17 Juillet. Voir plus haut notre note page 9.

condition que la préméditation (1) pour constituer l'assassinat : avéré, il subsiste, même légalement.

Car enfin, voici la teneur des art. 302 et 303 déjà invoqués, et qu'on ne saurait trop méditer.

Art. 302. — Tout coupable d'assassinat, de parricide, d'*infanticide*, d'empoisonnement, sera puni de mort.

Art. 303. — Seront punis de mort comme *coupables d'assassinat*, tous les malfaiteurs, quelle que soit leur dénomination, qui, pour l'exécution de leurs crimes, emploient des tortures ou commettent des actes de barbarie

Est-ce clair ? Dans cet article 303 il n'est question ni d'âge, ni de longueur de temps, ni de circonstances et moyens délimités.

Maintenant, voici l'art. 300. — Est qualifié infanticide le meurtre d'un enfant nouveau né.

Et que fera la justice si on tue un enfant d'un mois ou deux, ou plus.

Elle est donc forcée de procéder par assimilation soit à l'infanticide soit à l'assassinat. Et c'est parce que la justice rejette cette assimilation dans les cas d'enfants martyrs que, dans l'affaire du petit Pierre, l'avocat général a pu dire :

« Certes, Grégoire, aux yeux de l'opinion publique, mérite la mort ; mais au

(1) Le guet-apens implique la préméditation.

point de vue de la loi, il n'y a pas les éléments d'un assassinat ; la loi n'a pas prévu le crime de Grégoire parce que la loi ne peut prévoir un crime que la nature elle-même ne peut prévoir ».

C'est ainsi que la défense d'une mauvaise cause peut conduire au pire galimatias, car si la loi ne prévoit que ce que la nature prévoit, les crimes et les forfaits qu'elle vise entrent donc dans les prévisions de la nature ?...

Ensuite, il me semble que la vraie logique nous dit que le plus contient le moins. Et du moment que ce qui est moins entraîne la peine de mort, ce qui est plus doit à plus forte raison l'entraîner.

Encore une fois, estimer que l'assassinat n'existe qu'envers l'adulte, et l'infanticide qu'envers le nouveau-né, c'est grotesque, pour ne rien dire de plus. Mais le mutisme du code s'explique précisément par le simple bon sens, par la vérité supérieure, que lorsqu'un assassinat s'accomplit envers un enfant, cet assassinat existe au même titre qu'envers un adulte. Qu'avez-vous à venir ici établir une différence, si ce n'est que pour l'enfant, c'est encore plus épouvantable. Donc, il est faux, j'allais dire menteur, de se retrancher derrière une prétendue lacune de la loi ; cette lacune n'existe pas : nous l'avons démontré (1)

Au reste, nous avons des exemples où les juges savent donner aux textes l'interprétation la plus étendue. Et dans l'affaire Grégoire deux jugements cassés, le troisième jugement qui se fait attendre encore plus que le premier, tout cela porte à causer, et on arrive à se demander si les anciens entreteneurs de la femme Deshayes ne sont pas des gens de la haute qui agissent en dessous.

Mais enfin, Messieurs, bien que par toutes les raisons précitées, une loi spéciale soit superflue, si vous y tenez quand même, que ne proposez vous tout simplement :

Est qualifié infanticide tout meurtre prémédité sur un enfant âgé de moins de sept ans ;

Est qualifié assassinat tout meurtre prémédité sur toute personne de sept ans et au-dessus.

Je sais que les Chambres sont saisies d'un projet de loi sur la matière, projet pris en considération par la Chambre des députés.

---

(1) On ne peut pourtant pas soutenir sérieusement : « Il n'y a pas infanticide parce que ce n'est plus un nouveau-né ; — il n'y a pas assassinat parce que ce n'est pas encore un adulte. » Quant aux circonstances, conditions, moyens de perpétration, aucune ni aucun, on vient de le voir, n'offrent un cas prohibitif.

L'un des articles est ainsi conçu :

« Si la mort a été causée par l'effet de sévices successifs et habituels, exercés avec l'intention de la provoquer, les auteurs seront punis comme coupables d'assassinats ».

Pourquoi : *exercés avec intention de la donner ?* Dès l'instant qu'il y a sévices successifs et habituels, qui donc peut en ignorer les suites. En l'occurrence, le coupable pourra, comme par le passé, toujours dire, fort de cette clause : Je n'avais pas l'intention de tuer.

La même porte restera ouverte.

DERNIER MOT (1)

J'avais l'intention de relater, par le menu, les causes d'enfants martyrs le plus tristement, le plus douloureusement retentissantes. Mais je suis obligé de me restreindre, vu le cadre que je me suis proposé. Je me console de cette suppression à la pensée que les mères et la jeunesse féminine n'auront pas leur sommeil troublé par d'affreux cauchemars, car, dans ces scories sociales, Grégoire,

(1) Plus que jamais il est regrettable, pour la lecture de ces quelques dernières lignes, que la langue française n'ait pas un terme précis pour désigner l'enfant entre dix-huit mois et la cinquième année.

oui, Grégoire, est parfois lui-même dépassé. Et toujours les mêmes mesures répressives insuffisantes, partant, insultantes à l'humanité (1).

Je sais, parbleu ! qu'il existe une école qui pose pour premier principe que toutes les repressions de la justice sont autant d'injustices, la société étant la seule coupable.

Pour le coup, je supprime un in-16 de 400 pages, car il me faudrait bien cela pour tenir conseil avec cette école dont je suis loin de me séparer en bloc. L'un de ses propagandistes, militant par la plume et la parole, me disait : Mais les travaux forcés, c'est pire, que la mort. Et il me faisait le tableau lugubre de la vie de forçat. Je me gardai bien de lui faire remarquer que rejeter la peine de mort comme trop douce, cela me paraissait un tout nouvel aspect de la question, surtout de sa part, car il se serait immédiatement ressaisit.

Le plus inattendu, ce fut de m'entendre dire un beau jour : Grégoire mérite d'être décoré. — Oh ! ces artistes ! qui

(1) L'affaire de la femme Valdenaire (Epinal) sera l'objet d'un chapitre spécial qui trouvera sa place ailleurs. De même, pour l'affaire Charmillon (Paris), qui est un scandale inverse, car cette pauvre femme condamnée à cinq ans de réclusion, méritait légitimement, équitablement, d'être acquittée.

se plaignent de n'être pas compris ! Je t'écoute !

Celui-là, à qui je faisais une visite amicale dans son atelier de sculpture, est bien arrivé à la célébrité, mais non encore à la fortune. Le plus brave cœur, du reste, qui se puisse trouver. Evidemment, sa parole demandait une explication. Après avoir joui silencieusement de mon étonnement non moins silencieux, il dit : Grégoire est dans le ton du jour. C'est le vice, la corruption, tout ce qui peut y avoir de pire qui est bien vu et protégé, récompensé. On dit que Grégoire est étonné d'être poursuivi ; mais cela se comprend très bien ; cet homme devait se dire : Je suis dans la note. Tous les plus brigands, les plus scélérats obtiennent la croix ; Grégoire ferait très bien avec eux.

Comme je continuais d'être de plus en plus bouleversé, et que cela se voyait au jeu de ma physionomie, il s'écria : Ah ! ça, vous n'êtes donc plus original ? ..

Oh mais ! permettez, m'écriai-je enfin à mon tour. Puis je continuai, progressivement échauffé d'un beau feu intérieur :

« Je n'ai jamais eu le souci d'être original, et si je le suis, c'est sans le vouloir : je suis sincère. Mon originalité, si elle existe, est donc plus vraie, plus réelle que celle qui réside dans une pose systématique... Je vois fort bien toute l'ironie profondément amère, cinglante à vif, que vous cachez sous les apparences d'une originalité voulue. Mais, franchement, pour moi, c'est trop. Votre ironie me fait peur ; — oui, votre ironie me fait peur ! Elle est trop absolue, — c'est elle qui dépasse la note. Une ironie fine, légère, bien ! mais une ironie qui vous écrase de la sorte, non ! Et puis il est des lois primordiales que leur essence même préserve de cette offense, l'ironie. Et ces lois primordiales, c'est la voix du cœur et de l'âme. Et où trouverez-vous jamais mieux cette voix du cœur et de l'âme que dans le bébé... tout neuf, tout candide, tout vrai, tout expansion, tout affection — tout l'ÊTRE n'étant plus rien, étant tout entier, tout fondu dans ceux qui l'élèvent...

« Cesser d'être bébé, à n'importe quel âge, hélas ! quelle perte ! Plus d'illusions, plus de confiance, plus d'attachement, d'affection ; — la petitesse toujours et partout, des ennemis partout et toujours ; l'existence dans le désenchantement, dans l'horreur et l'écœurement...

« Aussi, on cherche l'être qui concentrera... tout ce que le monde, malgré tout, ne peut vous arracher, vous enlever, — le besoin d'aimer, qui n'est absolument, et je le crie haut, que le besoin de se dévouer. Et alors, devant le bébé, à la femme il semble qu'elle redevient, qu'elle est toujours la petite fillette de jadis, toute à son papa ; — et à l'homme, il semble qu'il est le petit garçon de jadis, tout à sa maman. Le bébé, mais c'est vous ; c'est vous même tout petit, tout pareil ; vous vous revoyez, vous revivez dans cette grâce si touchante, dans cette innocence qui parle tant à l'âme, parce que cette innocence élève l'âme, l'âme du passé, l'âme perdue et qui se retrouve devant cette petite sœur qui la continue...

« Mais vous n'avez donc jamais vu un regard d'enfant, jamais senti, jamais entendu ce regard ! Que de choses, pourtant, il dit ! Petite miniature vivante qui sait sa faiblesse, sa fragilité, et qui nous dédommage au-delà de tout ce que nous lui donnons par tout ce qu'elle nous donne ; ne vivant que par nous, mais vivant tout en nous. Et quand ce petit bijou humain, emblème et enveloppe de la pureté céleste, met toute sa récompense — toute la récompense qu'il peut donner — dans son sourire — alors, une bête féroce, ayant de l'homme la structure, change ce sourire venant des anges, en cris de douleur sortant de l'enfer »...

LA GUILLOTINE (1)

C'EST PAIN BÉNIT

Un forfait sans nom est tombé au milieu de nous (2). L'épouvante règne à bon droit dans tous les esprits. L'innocence, si puissante par le seul fait qu'elle existe ; l'innocence qui trouble, qui confond, et souvent qui arrête le crime ; — l'innocence a manqué à sa puissance, a failli à sa mission. Qu'a-t-il fallu pour cela ? Qu'elle se trouvât en face d'un être bipède, d'un monstre, d'une masse charnelle qui respire et qui digère. Est-il responsable ? c'est-à-dire : est-ce un homme ?

Eludons, de grâce, ce point d'interrogation. Très volontiers je vous concède tout : il y a là un cas pathologique évident ; il y a irresponsabilité, il y a fatalité, il y a destin ; c'était écrit, cela devait s'accomplir. Et à cette belle et déplorable conclusion, votre indignation

(1) Détaché des *Délassements d'un désœuvré*, paru en 1882.

(2) Affaire Ménesclou, 1881. La petite Louise, enfant de trois ans, demeurant chez ses parents, au Gros Caillou, Paris, fut attirée par surprise, puis étranglée après avoir été violée. Le criminel avait vingt-et-un an. Il fut condamné à mort et exécuté, bien que ce fut sous Grévy, le chef d'Etat légendaire pour commuer les condamnations à mort.

s'amoindrit... En effet : absence de responsabilité, absence de culpabilité.

Donc... ah ! tenez, je n'ose véritablement achever votre pensée... donc, pitié, pas de condamnation à mort. — Vous en parlez à votre aise, et c'est vous, ma parole, qui êtes fou.

Inutile de remonter au serpent et au tigre, la vermine me suffira. Je prends la plus propre : la puce, et je lui tiens ce raisonnement : Pauvre et cher petit parasite, quel sort a voulu que tu sois puce pour arriver à ce que, à l'instant même, ta destinée veut que je te tue, puisque ta destinée est de sucer mon sang.

En vérité, l'irresponsabilité est une belle chose ! Alors, nous n'avons plus qu'à nous laisser dévorer...

Que de questions où toutes les philosophies viennent se briser !..

Qu'avait-elle fait, cette petite adorable créature, si pétillante, si enjouée, allant à la mort ignominieuse, le sourire de la vie qui s'ouvre plénifiant tout son petit être ? Quelle était donc sa faute pour mériter la souillure... et le martyre ? — Elle faisait la joie de parents honnêtes, vertueux, et elle disparaît à peine éclose...

Maintenant, parlez, vous qui voulez extirpez la foi des cœurs. Cette mère désolée, si elle ne croit pas à Dieu, ce sera alors pour le blasphémer, — mais passons, je vous donne encore raison, cette mère désolée « *n'a pas besoin* » de réfugier sa douleur dans le principe d'une religion, — eh bien ! voudriez-vous aussi, voudriez vous encore qu'elle ne croie même pas à la justice des hommes ? Allons donc, la guillotine, la potence, à ce scélérat, qui fait regretter le moyen-âge, — car c'est la torture que l'humanité violée et ravalée réclame.

L'affaire Vacher nous arrive à la dernière heure. De tout ce qui sera dit et fait, là encore, rien ne nous échappera.

20 Octobre 1897.

Les deux morceaux suivants n'ont rien à voir avec le sujet traité ; néanmoins, nous profitons de l'occasion pour les glisser ici.

UN CANDIDAT ÉPATANT (1)

A la veille des élections législatives et au milieu du mouvement des esprits, il est de bonne guerre de venir soumettre une simple remarque sur le cas particulier de M. Edmond Lepelletier, candidat récidiviste dans la deuxième circonscription de Batignolles. Or, je ne sais rien de plus vexant, pour lui et les siens, et rien de plus amusant pour... les autres, que les échecs qu'il n'a jamais cessé d'essuyer. Rien de plus instructif, de plus intéressant, de plus significatif, pour un philosophe, pour un penseur, pour un éclectique, pour un *dilettante*. Je suis au nombre de ces derniers dans le cas présent. C'est par pur amour d'étude ou d'observation philosophique, et peut-être physiologique, que j'appelle — dans la mesure de son gré, d'ailleurs, — l'attention du lecteur sur une personnalité des plus marquantes du journalisme parisien.

---

(1) Inséré dans le *Réveil du Peuple*, de Paris, 12 août 1893.

C'est en 1877 et 78 que je commençai de remarquer les articles de M. Edmond Lepelletier dans les journaux le *Mot d'Ordre* et la *Marseillaise*. On m'a dit qu'il s'était préalablement exercé dans quelques petites feuilles satiriques ; c'est possible. Toujours est-il qu'à l'époque précitée le *Mot d'Ordre* et la *Marseillaise* étaient les moniteurs d'avant-garde du parti radical, alors dans toute sa vigueur, et non déteint, ou éteint, comme aujourd'hui. Après avoir triomphé du Seize-Mai, on mena ferme la campagne pour l'amnistie en faveur des déportés de la Commune. M. Lepelletier en fut l'apôtre le plus ardent. Le retour des exilés, enfin obtenu, coïncida avec la prochaine élection d'un conseiller municipal à Paris. Là encore, nouvelle campagne des plus actives. Le plan conçu, le but poursuivi, fut, sous couleur de ratification par le suffrage universel, de caser, dans des régions officielles quelconques, bon nombre d'amnistiés plus ou moins marquants, ou mieux, encombrants, et incapables de faire autre chose d'avouable que de politiquailler. Et parmi ceux-ci, il en est qui mérite plus qu'aucun autre une mention spéciale, c'est M Alphonse Humbert, qui devint le beau-frère, longtemps attendu, de M. Edmond Lepelletier.

Tout juste et tout naturel que celui-ci prit fait et cause et feu et flamme pour assurer l'avenir de sa sœur. En la circonstance, il fut magnanime ; il céda les honneurs à son beau-frère : M. Alphonse Humbert fut candidat aux élections municipales et partielles du quartier de Javel, et il fut élu. Mais il est à noter qu'il y eut confusion de nom dans l'esprit de bon nombre d'électeurs — *Alphonse Humbert* étant également le prénom et le nom du rédacteur-fondateur de la *Lanterne de Bocquillon*, dont la vogue, bien que déjà amoindrie, était encore grande à cette époque. — Le premier, non content d'avoir, d'aucuns disent sciemment, exploité une surprise, et avant même qu'on discutât sa validation à l'Hôtel de Ville, sollicita le mandat de député dans le département de Vaucluse.

Alphonse Gent, député de ce département, venait de donner sa démission en échange d'un poste de gouverneur dans je ne sais plus quelle colonie. Et le clan de l'ex-rédacteur du *Père Duchesne*, édition 1871, de s'empresser aussitôt de s'écrier : « Voyez ce Gent qui, par ambition, abandonne ses électeurs !... est-ce assez abominable ! .. A la bonne heure, Humbert ! qui, également par ambition, lâche, avec une désinvolture charmante, ses électeurs de Javel, — mais de sa part, c'est autre chose. »

Et c'est à vouloir démontrer cette quadrature du cercle que M. Edmond Lepelletier mit tout son esprit. Le bon sens, qui est logique, ne lui pardonna pas. Et Edmond qui s'était porté de sa personne (style officiel) en Vaucluse, en fut pour ses frais de voyage, d'éloquence, et... d'illogisme : Humbert échoua piteusement.

Parallèlement son élection à Javel lui suscita des démêlés avec la Préfecture de la Seine, dont le titulaire était alors feu M. Hérold. Il convient d'ajouter que ces démêlés eurent un certain éclat.

Heureux de cette bonne impression, et plein de confiance, Lepelletier, au renouvellement complet du Conseil municipal de Paris (1881), se présenta dans le quartier Sainte-Marguerite, comme candidat ultra-radical. Il fut battu par son concurrent opportuniste Se le tenant pour dit, en 1884 il se présenta, aux Batignolles, comme opportuniste ; il est battu par le radical.

Décidément la timbale d'édile de Paris était trop verte et bonne tout au plus pour... Alphonse, qui, quoique cela et malgré son coup heureux, tout frais débarqué de la Nouvelle, la manqua ensuite plusieurs fois d'une façon consécutive, la suggestive timbale, et enfin, ne l'atteignit de nouveau qu'en 1887. Du reste, il est à l'avantage de Humbert de ne pas avoir tout à fait emboîté le pas derrière Edmond ; il conserva toujours une certaine nuance radicale, et il a fallu le boulangisme pour rapprocher les deux beaux-frères... dans la même déconfiture, en octobre 1889. Lequel jette un sort sur l'autre? Réciproquement ils n'ont rien à s'envier ; l'un et l'autre sont en passe de devenir candidats perpétuels tout comme un vulgaire Chabert.

Pas d'élections municipales ou législatives qu'ils ne s'offrent au choix de leurs concitoyens de la Ville Lumière ; et ces ingrats concitoyens osent toujours faire preuve d'aveuglement ; mordicus, ils refusent l'ours de ces messieurs — car l'Hôtel de Ville est une piètre fiche de consolation pour Humbert. Quels que soient le quartier, l'arrondissement et même la région *extra-muros* (échec « motivé » de Lepelletier en Seine-et-Oise) ! scrutin de liste ou de circonscription, même inefficacité à leur égard pour leur procurer un siège au Palais-Bourbon!

Lepelletier, le mieux doué, c'est-à-dire le moins scrupuleux, est le plus à plaindre, car alors à quoi bon fouler aux pieds toute pudeur? Il est entendu que je reste strictement sur le terrain politique, et que le Pontife de la Libre-Pensée — j'ai nommé Edmond Lepelletier — peut se targuer des paroles attribuées à M. Thiers : « L'homme absurde est celui qui ne change jamais » — et aussi de l'exemple de Girardin, qui avait une nouvelle idée par jour.

La dernière idée de Lepelletier consiste à annoncer, à ceux qui l'ignorent, et à rappeler, à ceux qui l'avaient oublié, que non seulement il est Edmond, mais aussi *de* Bouhellier, ce qui signifie apparemment que, toujours blackboulé, il n'en reste pas moins toujours noble.

C'est égal ! s'être vu préférer un Basly en 1885, et un Boulard en 1889, c'est à dégoûter d'être Lepelletier, même et surtout en supprimant « de Bouhellier. »

NIRAM. (1)

(1) *Alias* Marin Dubois.

A ces dernières élections législatives, 1893, Edmond resta, une fois de plus encore, sur le carreau ; mais comme je n'ai aucunes raisons de douter de ces bons sentiments de famille, il dut trouver une douce consolation dans le succès d'Alphonse qui, enfin cette fois, fut élu à Grenelle.

PRIMO-SECONDO

1° L'autre jour, j'ai trouvé par hasard un petit journal du quartier Latin dont le titre est assez singulier. Il s'appelle *Lutèce*, du nom de notre vieille ville. Après avoir lu les articles — prose et vers — contenus dans cette feuille, je m'étais dit que le mieux à faire était de ne point parler de cela. Mais l'actualité est une exigeante maîtresse et aujourd'hui, avec la rentrée des Facultés, elle impose un article sur le quartier Latin.

Parlons donc du quartier Latin littéraire. Hélas, c'est d'après *Lutèce*, bien entendu, que nous jugeons. S'il existe autre que cette chose-là au quartier Latin, nous l'ignorons. Ce *Lutèce* est très attristant. Il publie les articles de quelques jeunes. Ces débutants écrivent dans un fatras de sonorités creuses où je n'ai pas trouvé une idée, pas une seule. Ce journal, qui n'est curieux que parce qu'il est une manifestation de l'état d'intelligence de ceux qui s'appellent les *jeunes*, est pauvre, misérable. Quand on le lit, on a une impression pareille à celle que vous donne la vue d'un de ces cafés moyen-âge qui pullulent et où les « réservistes de la littérature » consument leurs soirées, le front courbé sur les soucoupes blanches. Dans les cafés comme dans le journal, on est dans du faux, dans du convenu, dans du toc.

Lutèce n'est pas une chose intéressante. Dans la foule des prosailleurs et des rimailleurs qui y mettent « le produit de leurs veilles, » il n'en est pas un qui ait fait encore, si petite qu'elle soit, une œuvre, une de ces tentatives même manquées, qui font dire : Voici quelqu'un. Ces jeunes gens font fausse route dans la littérature. Et les manifestations littéraires du quartier Latin ne sont pas actuellement dignes d'intérêt.

MERMEIX.

La France, 7 novembre 1884.

2° Chaque semaine nous lisons avec intérêt *Lutèce*, un vaillant petit journal de la rive gauche, où des jeunes gens font leurs premiers essais. Ces jeunes gens ont toujours trouvé dans la presse la plus grande bienveillance. On les a encouragés de toutes manières en citant leur journal, en acceptant même dans les grands journaux leurs compositions en prose ou en vers.

Mais depuis quelques semaines le petit frère semble vouloir se brouiller avec ses grands frères. C'est *Lutèce* seul qui souffrira de cette véhémence juvénile qui n'étonne pas à cet âge. On aime ces jeunes gens bruyants et tapageurs qui font honnêtement, avec la fougue de leur âge, un petit journal honnête et curieux. Quittez donc, jeunes camarades, vos airs de pion, qui ne vont pas à vos visages de vingt ans. Croyez-en un journal où tout le monde vous veut beaucoup de bien.

MERMEIX.

La France, 20 septembre 1885.

NOTA. — Je n'ai jamais eu sous les yeux le journal *Lutèce* et je n'ai jamais connu ni rencontré l'un de ses rédacteurs. Je signale cette contradiction parce que je la trouve piquante ; cette raison me suffit. J'estime que le piquant n'a pas de date, garde toujours sa même saveur.

M. D.

Meaux. — Typ. A. LALOT
imp. du *Journal de Seine-et-Marne*
1, rue Antoine-Carro, 1.

www.ingramcontent.com/pod-product-compliance
Ingram Content Group UK Ltd.
Pitfield, Milton Keynes, MK11 3LW, UK
UKHW020409220726
13923UKWH00004B/1835